DU CHOIX

D'UN IMPOT

CLERMONT-FERRAND

TYPOGRAPHIE ET LITHOGRAPHIE MONT-LOUIS

Rue Barbançon, 2

1876

DU CHOIX

D'UN IMPOT

CLERMONT-FERRAND
TYPOGRAPHIE ET LITHOGRAPHIE MONT-LOUIS
Rue Barbançon, 2

1876

DU CHOIX

D'UN IMPOT

I

DES CONTRIBUTIONS PUBLIQUES.

Les contributions sont les sacrifices que s'impose la nation pour faire face aux dépenses nécessitées par :

Son gouvernement, c'est-à-dire l'exercice des pouvoirs investis de la mission d'élaborer, de discuter, de voter et d'exécuter les lois; d'administrer la justice, les cultes, les finances, la police, l'assistance, les affaires extérieures, etc., etc. ; de la protéger contre les tentatives criminelles de la force ou de l'ambition; de veiller à l'accomplissement des obligations de chacun, de même qu'au respect et au libre développement de ses droits et de ses facultés;

L'instruction publique;

L'armée vouée à la garde de son territoire ;

La création et l'entretien des voies de communication, le creusement des ports, le boisement des montagnes, l'endiguement des fleuves, la construction des monuments et édifices consacrés à l'agrément ou à l'utilité de la communauté, l'exploitation des établissements et services organisés économiquement dans son intérêt;

La marine chargée de concourir à la sécurité des mers, de poursuivre sur les Océans la piraterie ou d'abominables trafics, d'entretenir de sympathiques communications entre les continents, entre les colonies et la mère-patrie, de découvrir des mondes nouveaux, de chercher et d'offrir des marchés pour l'industrie et le commerce, jusque dans les parages les plus reculés, etc., etc.

II

Cinq systèmes de répartition des contributions ont été conçus par les publicistes :

L'impôt fixe;

L'impôt progressif;

L'impôt sur le capital;

L'impôt sans nom qui est le nôtre;

L'impôt sur le revenu.

III

IMPOT FIXE.

L'impôt fixe exigerait le même apport de tous les citoyens ; avec un budget des recettes de deux milliards, et dix millions de chefs de famille conviés à le combler, il prélèverait sur chacun d'eux une somme uniforme de deux cents francs, c'est-à-dire tous les moyens d'existence de ceux auxquels leurs biens ou leur travail ne rapporteraient pas davantage ; la moitié des ressources de ceux qui auraient un revenu annuel ou un salaire de quatre cents francs ; le quart, le dixième, le centième sur ceux qui jouiraient d'un salaire ou d'un revenu de 800, de 2,000, de 20,000 fr., etc.

Ce serait l'impôt en sens contraire de ce qu'il doit être, l'impôt sur l'individu et non sur ses facultés, et au rebours de celles-ci.

L'impôt fixe, on le comprend aisément, ne pourrait subsister que là où la sociabilité, l'ampleur des sentiments et l'aisance auraient des proportions qu'elles ne sauraient humainement atteindre ; la raison l'exclut impitoyablement d'une société comme la nôtre.

IV

IMPOT PROGRESSIF.

L'impôt progressif frapperait inégalement les revenus, ne demandant rien aux plus faibles, et s'aggravant à mesure qu'ils grossiraient :

Il serait, par exemple, de 10 francs sur 100, pour un revenu de 100 francs, soit 10 francs;

De 11 francs sur 100, pour un revenu de 200 francs, soit 22 francs;

De 12 francs sur 100, pour un revenu de 300 francs, soit 36 francs;

De 13 francs sur 100, pour un revenu de 400 francs, soit 52 francs;

De 14 francs sur 100, pour un revenu de 500 francs, soit 70 francs.

Et ainsi de suite.

Ce que serait un pareil impôt : l'écrasement de la richesse au préjudice de la pauvreté !

Le fisc, maître de s'emparer, à un certain chiffre du revenu, de tout ou de presque tout le fruit du travail de l'homme, de son patrimoine, de son industrie, de ses épargnes, rien ne serait plus funeste à l'émulation, à l'ambition, ce naturel et puissant moteur qui pousse sans cesse l'homme vaillant, l'homme d'élite vers des destinées supérieures; rien ne serait conséquemment plus contraire à l'accumulation des capitaux, ces uniques instruments du progrès, du perfectionnement moral et matériel, de la civilisation.

Des contributions différentes pour d'égales quantités de revenu, ne sauraient s'expliquer mieux que ne s'expliqueraient des prix différents pour des quantités égales d'une même marchandise. Se figure-t-on un mètre ou un kilogramme d'une étoffe ou d'une substance quelconque coté, dans un magasin, à 10, 11, 12, 13, 14, 15 francs, etc., suivant les revenus du client qui se présenterait pour l'acheter ! ! !

Obtiendrait-on, au moins, quelque relation entre l'impôt ainsi diversement, ainsi inégalement distribué et les revenus imposés? En d'autres termes, et en retournant à l'exemple ci-dessus, les sommes de 22, 36, 52 et 70 francs, représentent-elles avec précision les contributions qui conviendraient respectivement aux revenus de 200, 300, 400 et 500 francs? Qui oserait l'affirmer? et pourquoi ne seraient-ce pas plutôt les sommes de 190, de 290, de 390 et 490 francs, de façon, pour plus de simplicité, à ne laisser que dix francs de reste à chaque contribuable ?

Quelques économistes, pour plaider la cause de l'impôt progressif, ont prétendu que la protection sociale était progressive à la situation pécuniaire des individus; cette assertion subtile ou plutôt incompréhensible est pleinement démentie par l'application quotidienne du principe de l'égalité des citoyens devant la loi.

La police gouvernementale fonctionnant à l'égard du pauvre de même qu'à l'égard du riche ;

La surveillance des biens de l'un ne nécessitant pas plus d'agents de la force publique que celle de la chaumière ou du champ de l'autre ;

Les attentats commis contre la personne ou la chose de l'un n'étant pas punis de peines moindres ou plus fortes que celles par lesquelles on punit les attentats dirigés contre la personne ou la chose de l'autre ;

Les crimes et délits de l'un n'étant réprimés ni plus ni moins sévèrement que les crimes et délits de l'autre ;

Semblablement vigilante enfin pour tous les membres de l'association, même pour l'indigent qui n'a pas un denier à offrir au Trésor commun, la protection sociale n'est donc aucunement progressive à la fortune.

Ce qui précède est suffisant, pensons-nous, pour nous autoriser à conclure que l'impôt progressif doit être absolument proscrit de notre droit public :

Alors même que, par impossible, on se porterait fort de surmonter les difficultés qui naîtraient, pour l'assiette de l'impôt, de la mobilité, du morcellement incessant, continu, de la propriété foncière, aussi bien que de l'immense variété et de l'éparpillement des valeurs mobilières ;

Alors même qu'on proposerait de le mitiger de manière qu'il n'aboutît point à l'absurdité d'un *impôt supérieur au revenu imposé ;*

Dès qu'il est en opposition avec le principe de l'égalité, dès qu'il en est la négation, l'arrêt qui le condamne doit être sans appel, la Démocratie n'ayant à transiger avec l'inégal, avec l'injuste, sous quelque forme et à quelque dose qu'on les lui présente.

V

IMPOT SUR LE CAPITAL.

On nomme *capital* toute chose que l'homme, par son action, a rendue apte à produire des valeurs ou des utilités au moyen desquelles il se procure de quoi pourvoir à ses besoins ou à ses désirs, et qui ne s'emploie, ou ne se consomme même, en certains cas, qu'en vue de la reproduction ;

C'est, disent les économistes, une portion de la richesse créée et épargnée servant à la production d'une richesse nouvelle.

On l'a divisé en :

Capital fixe, dont la portion de beaucoup la plus considérable vulgairement appelée *capital foncier,* comprend : les maisons, le sol travaillé, les bêtes servant à l'exploitation, etc.;

Et capital circulant ou industriel : provisions de toutes sortes, semences, matières premières, produits fabriqués, monnaies, etc., etc.;

Quelques personnes en admettent une troisième branche :

Le capital mobilier,—*ou d'usage domestique ou d'agrément* : ustensiles, meubles, voitures et animaux de luxe, œuvres d'art, etc.; mais il convient de faire remarquer, à cet endroit même, que c'est en abusant des mots, que l'on a conféré à l'ensemble de ces derniers objets, la dénomination de *capital*, attendu qu'il n'est point de leur essence de concourir à la production, dans le sens économique de cette expression, ce qui est le propre du *capital.*

Le *capital* est le levier avec lequel notre intelligence a remué, a métamorphosé le globe; — l'allié, l'aide puissant, avec lequel elle a successivement tiré du néant toutes les merveilles artificielles qui, non moins que les magnificences de la nature, nous confondent d'étonnement et d'admiration.

Le jour qu'on le signale sur la terre, l'homme, pour subsister, cueille le fruit à la branche, boit l'eau de la source, est à peine couvert, couche sur la feuille, se débat douloureusement au milieu de périls effroyables, meurtri de tous les côtés à la fois, et moins outillé corporellement, pour sa défense, que n'importe lequel des autres êtres vivants qui l'entourent; *il ne dispose alors d'aucun capital ;*

S'il s'élève ensuite, s'il passe au premier échelon de la civilisation, c'est que, soucieux du lendemain, il ménage sa cueillette, sa chasse et sa pêche, c'est qu'il s'approvisionne, c'est qu'il se fabrique des couteaux, des haches, des piques, des massues, des frondes, des lacets, des filets, c'est qu'il s'amasse, d'un seul mot, *un capital ;*

Si, enfin, degré par degré, de chasseur, de pêcheur, il devient pasteur, agriculteur, industriel, artiste, poète, philosophe, historien, orateur, astronome, mathématicien, physicien, chimiste, *c'est que ses capitaux s'accroissent peu à peu ;*

De sorte que suivre la marche ascensionnelle de la civilisation dans l'humanité, le déploiement du génie et de l'activité de l'homme, l'amélioration de son état, c'est suivre simultanément, parallèlement, la gradation et la multiplication des capitaux dans les sociétés ; les uns et les autres se fécondant mutuellement, le travail enfantant le capital, et le capital, à son tour, enfantant le travail.

Alors même qu'on retrouverait moins dans la sage prévoyance des hommes, dans leurs vertus, que dans leurs instincts les moins généreux, l'origine du capital ;

Alors même que, dans les âges antérieurs et sans remonter encore trop haut, ses possesseurs auraient abusé, jusqu'à la cruauté, de la force qui lui est inhérente, comme l'on a abusé de tout pouvoir en ce monde, le *capital* n'en a pas moins été en fait, l'arme avec laquelle notre race a triomphé des ennemis redoutables qu'elle a eu à combattre, et à l'extérieur, et jusque dans son sein ; il n'en a pas moins été, en fait, et n'en demeurera pas moins, la science aidant, liguée avec l'esprit de conciliation et de justice contre les mauvais restes, de jour en jour refoulés, d'aveugles antagonismes et de folles prétentions, l'émancipateur, par excellence, des classes ouvrières, le rémunérateur le plus assuré et le plus libéral de leurs peines, de leurs labeurs;

On a défini encore très-justement le capital *du travail accumulé*, de sorte que travail et capital, ainsi que l'âme et le corps, sont les deux faces, les deux essences confondues d'une seule et même chose, d'une intimité si étroite, tellement solidaires l'une de l'autre, que tout ce qui, en bien ou en mal, affecte l'une, touche l'autre de la même manière.

Un tel caractère, un tel rôle, dans nos destinées, sont bien de nature à dicter aux individus comme aux gouvernements, la conduite qu'ils ont à tenir, les ménagements qu'ils ont à observer envers l'élément bienfaisant qui les réunit, puisque de son abondance, de sa sécurité, de la liberté dont il jouit, de la sagacité de son usage, dépendent le mouvement universel, notre bonheur pour une notable partie, la vie du travailleur, le progrès de son bien-être, de sa moralité, comme aussi la grandeur des nations et leur influence dans le monde.

Suivant la définition de certains écrivains, le *capital*, synonyme de la *fortune*, signifiant tous les biens existants, toutes les choses utilisées, quelques esprits se sont laissés aller à considérer comme s'appuyant sur le fondement le plus inébranlable, le plus complet, l'impôt qui en serait retiré ;

Dans leur système, on estimerait en capital nos biens mobiliers et immobiliers,et l'on prélèverait, suivant les besoins de l'Etat, 1, 2, 3, 4, 5, 6, 7, 8, 9, 10 francs, etc., sur chaque centaine de francs des différents capitaux ou du capital total dont chacun serait propriétaire, le tantième à prélever sur cent étant fixé, chaque année, par la loi de finances ;

De cette sorte, *le capital général de la nation étant de* 200 *milliards*, et les dépenses publiques réclamant, par exemple, deux milliards, c'est-à-dire un impôt de *un* pour cent :

Le possesseur d'un capital ou de divers capitaux s'élevant ensemble à 100 francs, serait taxé à 1 franc ; et ceux ayant 1,000, 10,000 et 100,000 francs, le seraient à 10, 100, 1,000 fr., et ainsi de suite.

A cet air de simplicité, d'équité même, on comprend que l'impôt sur le capital se soit concilié de chaleureux partisans ; il n'a cependant, en sa faveur, que des apparences, et, en réalité, le capital est loin, très-loin de rassembler les propriétés qu'il faut pour fournir la mesure de la *richesse* de ses détenteurs, conséquemment pour offrir une base assez ferme, assez consistante, à l'impôt quel qu'il soit, immobilier ou mobilier.

En effet, le capital, que nous avons exalté si haut et à si juste titre, il y a un instant, n'est cependant, en date et en importance, que le second des deux agents créateurs de la richesse; il est primé par le travail; isolé, détaché de celui-ci, le capital perd considérablement de ses avantages. Une province tout entière, en friche, faute de bras pour la cultiver; un million en argent relégué dans les caves de la Banque de France, ne seraient pas grand'-chose, par eux-mêmes, pour leurs propriétaires; ce qui, supérieurement, est un bien, une valeur, un indice infaillible des facultés et des aptitudes de celui qui les met en jeu, c'est ce qui naît, sous son impulsion, de l'union harmonieuse du travail et du capital, *c'est le revenu.*

CAPITAL TERRITORIAL.

A un point de vue moins abstrait, en descendant des généralités à nos transactions ordinaires, personne ne conteste plus aujourd'hui que le chiffre du revenu tient le rang principal dans les calculs du premier acheteur venu de la terre, de celui qui veut placer ses fonds en biens exposés au soleil;

Que c'est la perspective de tel ou tel revenu à recueillir, échanger ou sacrifier, qui fait que l'on acquiert tel ou tel champ, telle ou telle maison, pour telle ou telle somme;

Que c'est le revenu encore qui fait que des propriétés, que des domaines d'égale dimension s'aliènent différemment, et qu'entre tels et tels terrains de proportions différentes, c'est parfois le plus exigu, comme étant le plus fécond, qui l'emporte sur les autres.

C'est donc le revenu des immeubles qui en fixe le prix ou le capital, ce qui est tout un, et dont se déduit, avec le plus de certitude, l'étendue de nos moyens respectifs.

L'impôt sur le capital immobilier, s'imaginent ses avocats, en mettant le plus possible le sol aux mains du laboureur, imprimerait à la culture une activité jusqu'alors inconnue ;

Et procurerait au Trésor, par la réduction, par la suppression de la propriété d'agrément, par l'élévation de son revenu, des recettes énormes :

Ils oublient que l'intérêt privé n'a point son pareil pour stimuler nos efforts ; que les propriétaires de la terre, sauf un nombre insignifiant d'exceptions, de même que tous les individus en position d'exploiter un fonds quelconque, matériel ou immatériel, visent avec une infatigable ardeur, en tous temps et en tous lieux, à faire rapporter par leurs biens leur plus fort rendement ;

Et que sont là pour l'attester de la façon la plus éclatante, les envahissements de l'agriculture au fur et à mesure des exigences de l'alimentation publique, les prodiges de la production toujours en rapport, à moins de catastrophes et de sinistres, à moins des plus graves accidents naturels ou sociaux, avec l'immense variété de nos appétits et de nos goûts.

La bêche, la pioche et la charrue retourneraient-elles, sans exception, les gazons, les parterres, les jardins clair-semés sur notre territoire et qui en sont la parure ; la scie et la hache abattraient-elles, sans en laisser un seul debout, les bosquets, les parcs et les bois des quelques heureux qui en jouissent ; enfin, commettrait-on les derniers excès envers la liberté de la propriété, et pousserait-on l'injure à l'élégance et aux arts plus loin que les Cafres et les Hottentots, que l'on n'enrichirait point d'une obole le Trésor national, par la raison péremptoire qu'avec notre contribution foncière, telle qu'elle est organisée déjà maintenant, les portions du sol que les propriétaires affectent à leurs commodités, à leurs divertissements, improductives pour eux seuls, ne sont ni plus ni moins que taxées sur le pied des terres les plus fertiles, les mieux cultivées, c'est-à-dire au maximum de ce que peut en exiger l'impôt le plus âpre, le plus avide.

Quant à la détermination même du capital, si, pour *les biens territoriaux*, à l'aide des procédés actuels du cadastre et de l'enregistrement elle est incontestablement aussi aisée à obtenir que celle du *revenu*, il n'en est point ainsi de la totalité des biens immobiliers ; la détermination du capital des bâtiments entre autres, de ces constructions superbes : hôtels, châteaux, palais qui, çà et là, ravissent nos yeux, embellissent gratuitement nos villes et nos campagnes, présente d'insurmontables difficultés ; elle serait fatale, on le devine sans peine, à notre enrichissement en monuments, si l'impôt sur leur valeur brute, devait en être le but insensé.

CAPITAL MOBILIER.

Les richesses spéciales que l'on comprend d'ordinaire sous les dénominations de capital mobilier, ou d'usage domestique, ou d'agrément, ne sauraient à plus forte raison que les biens immobiliers être soumis à l'impôt sur le capital, parce qu'elles ne constituent point, ainsi que nous l'avons précédemment énoncé, de capitaux, n'en remplissant pas la condition expresse, *la reproduction*, parce que leur valeur, ensuite, pour la plupart, est indéterminable.

Combien de personnes, en effet, sauf quelques industriels, ont la pensée qu'elles se forment un capital, en se montant, par exemple, d'ustensiles de ménage, de meubles meublants. L'acquisition de cette foule d'objets plus ou moins nécessaires aux fonctions de la vie domestique qui emplissent nos logis, est, pour le plus grand nombre, une dépense plutôt qu'un placement, une consommation plutôt qu'une épargne : leur introduction, leur multiplication, jusque dans les plus humbles maisons, sont assurément d'irrécusables signes de la prospérité, de la distinction et de l'éducation d'un peuple ; ils n'ont pourtant qu'une valeur morale, s'il est permis de s'exprimer ainsi; ils n'ont de prix, le plus souvent, que pour ceux dont ils flattent les fantaisies, dont ils entretiennent les sentiments ou réveillent les souvenirs ; — et si, aux déperditions, aux détériorations qu'ils subissent par l'usage quotidien qui en est fait, par l'action du temps, on ajoutait encore, comme condition de leur jouissance, la charge d'une redevance annuelle, ils auraient bientôt disparu de nos demeures dénudées et appauvries.

Au-dessus du capital d'usage domestique, les admirables œuvres d'art qui occupent une si large place non-seulement dans la fortune des particuliers, mais encore dans celle du pays, et contribuent à sa considération, à sa splendeur, ont un prix *sui generis* qu'il ne sera jamais permis d'adopter pour la base d'un impôt;

Tout ce que nous avons de ces choses charmantes, de ces trésors enviés, déserterait cent fois la France dégénérée et retournant à la barbarie, s'en irait cent fois faire la joie et l'orgueil de nos voisins plutôt que de supporter un impôt quelconque.

Quelque Mécène, enflammé du noble amour des arts, prodiguera l'or, volontiers, pour parer ses galeries d'une statue de Phidias, d'une toile de Raphaël, d'un groupe de Michel-Ange, d'armes ou de vases rares, mais ne consentira jamais à payer au fisc une grosse rente perpétuelle pour la possession des productions même les plus sublimes de ces inimitables génies.

Et, ce que nous disons des statues, des peintures, des sculptures, s'applique bien entendu aux livres, aux gravures, à l'argenterie, aux bijoux, etc., etc.

Les jurys que l'on proposerait pour estimer ou rectifier la valeur capitale de nos batteries de cuisine, de notre vaisselle, de notre linge, de nos vêtements, de nos meubles, de nos tableaux, de nos collections, seraient composés, quand même, d'industriels, d'antiquaires, de savants, d'artistes consommés, qu'ils ne feraient jamais accepter leur compétence à la déterminer avec justesse, parce qu'elle est positivement inappréciable, inestimable.

En dernière analyse, l'impôt sur le capital porterait infailliblement un coup mortel au prestige qui s'est attaché jusqu'ici à l'idée du capital, au grand profit de sa conservation ;

Il aurait le danger de prêter une surface beaucoup trop large aux convoitises du fisc ; d'ouvrir une arène à perte de vue aux investigations, aux perquisitions de ses agents, à leur arbitraire ;

A être renfermé, suivant les illusions de quelques-uns de ses promoteurs, dans les limites du revenu, en ce qui concerne les biens susceptibles d'évaluation : la terre, les fonds placés à intérêts et dividendes, etc., etc. Il ne se bornerait qu'à un changement de nom, sans déraciner un abus ; et, pour un si mince résultat, on inquiéterait les intérêts, on bouleverserait les notions et les habitudes de tout un pays, ce serait là novations, ou plutôt perturbations condamnées dorénavant par la démocratie.

VI.

NOS IMPOTS

—

Les impôts sous lesquels gémit la France indignée, sont désordonnés, troubles, louches comme tout ce qui, à l'heure présente, en matière administrative, frappe nos regards attristés :

Il n'en est pas un, à les examiner sans prévention, l'un après l'autre, qui ne soit une violation flagrante du principe d'égalité inscrit dans nos Constitutions depuis 1789.

IMPOT FONCIER.

Cette part pour laquelle concourt aux dépenses de l'Etat le revenu de la propriété immobilière, — propriété du sol, et propriété des constructions, — et qui devrait être si commodément, au moyen d'un cadastre correct, d'une quotité identique pour la masse des contribuables qui y sont assujettis — de 20, de 15, de 10, de 5 pour cent de leur revenu, suivant les nécessités gouvernementales, — oscille de département à département, entre les deux extrêmes de 9 fr. 07 c. et de 3 fr. 74 c.

pour cent : — plus de quarante départements se trouvant au-dessus de la moyenne, et le reste au-dessous ;

De commune à commune, il emporte, ici 10 ou 12 pour cent et là 2 fr. seulement ;

D'individu à individu, il varie depuis les limites de un, de un et demi pour cent, jusqu'à celles de 20 et de 24 ;

Et cela en France, dans une contrée : où le sol, du Nord au Midi, et de l'Est à l'Ouest, est d'une végétation également luxuriante, d'un rapport à peu près égal, grâce à son climat, à l'intelligence et à l'énergie de ses habitants ;

Où les voies de communication : routes, chemins, lignes de fer, fleuves, rivières, canaux, serpentent dans toutes les directions ;

Où les débouchés sont si rapprochés qu'ils se touchent ;

Où les besoins ne diffèrent sensiblement point ;

Où l'argent a partout la même valeur ;

Où il y a unité de règle, d'autorité, de rétribution des fonctions et emplois d'un bout à l'autre de la République.

Et l'on retire ainsi chaque année, du revenu de la propriété française 334 millions en principal, centimes additionnels départementaux et communaux (budget de 1876).

IMPOT DES PORTES ET FENÊTRES.

Cet impôt, trafic barbare de l'air et de la

lumière indispensables à l'existence humaine, est assis exclusivement sur les portes et fenêtres des locaux qui servent à l'habitation des hommes ; un louable sentiment de sollicitude que l'on n'a point éprouvé pour notre espèce, en a fait exempter celles qui éclairent et aèrent les étables affectées aux animaux ;

Il est nuisible à la santé populaire ;

Il est un attentat à la liberté du propriétaire ;

Il forme double emploi avec l'impôt foncier, les portes et fenêtres étant incontestablement pour quelque chose dans l'évaluation de la valeur des maisons ;

Il est inégal jusqu'à l'odieux, en atteignant la porte et la fenêtre de la plus humble chaumière exactement comme celles du palais le plus somptueux.

Le pays paie soixante-trois millions annuellement, ce monopole cynique de l'air et des rayons du soleil.

IMPOT MOBILIER.

La contribution personnelle-mobilière représente le contingent du revenu de la richesse mobilière dans les charges publiques.

L'Assemblée nationale de 1791 ayant fixé l'impôt que devait supporter le revenu de la propriété immobilière, restait à instituer symétriquement celui du revenu de la fortune mobilière ;

Les valeurs cotées à la Bourse se comptant aisément, au temps jadis, le despotisme étant peu propice au développement de la richesse des nations, et les représentants du peuple n'étant point d'humeur à permettre au fisc de violer le domicile des citoyens pour y rechercher *leur avoir*, crurent, alors, qu'il était possible de présumer le revenu par le loyer, et il fut décrété que le chiffre de la location de l'habitation serait le signe du revenu et déterminerait du même coup le chiffre de l'impôt.

L'assiette d'une contribution qui coûte tant de millions, cent quatre millions, en ce moment, sur le problématique, sur l'inconnu !... a été l'erreur financière, l'accident législatif qui, en empêchant l'expérimentation intégrale, le fonctionnement entier du système de l'impôt sur le revenu, en a retardé jusqu'ici l'implantation définitive dans notre organisme politique.

Notre impôt sur le revenu présumé :

C'est l'impôt ajoutant ici *un* et là *dix* à la dépense du logement, alors que de contribuable à contribuable de même condition ses exigences ne devraient point varier ;

C'est contre toute probité, et par un tour plus que hardi de prestidigitation, l'impôt deux fois prélevé sur le même revenu, présumé et réel tout à la fois ;

C'est, de par les faiseurs émérites qui nous administrent ou nous régentent et sous l'influence de toute autre préoccupation que celle du crédit public, l'impôt tenu à distance de la rente sur l'Etat achetée parfois à 84 fr. 50, à 82 fr. 50 pour cinq francs d'intérêts garantis par la France!..., touchés paisiblement, régulièrement, trimestriellement, à jour fixe...

Mais tombant dru sur :

La masure qui sert de gîte à la misère ;

La motte de terre qui nourrit à peine celui qui la cultive ;

Le revenu foncier, quel qu'il soit, acquis chèrement, — ramassé une fois l'an, pendant la canicule ou les frimas d'automne, après des fatigues, des angoisses, des risques incalculables, inouïs, — risques d'incendie, de gelée, de grêle, d'inondations, d'invasions, etc., etc.

IMPOT DES PATENTES.

Après le trafic de l'air et de la lumière, le trafic, c'était dans l'ordre, de nos talents, de nos aptitudes intellectuelles et physiques, de nos découvertes; le trafic de toutes les puissances : le feu, l'eau, l'électricité, etc., que la nature a mises avec prodigalité à notre service pour nous aider à satisfaire les moindres comme les plus fantastiques de nos besoins et de nos désirs.

L'impôt des patentes et l'impôt des portes et fenêtres sont l'un et l'autre des épaves échappées du naufrage des antiques tyrannies. A voir de telles exhumations des décombres du passé, on dirait, en vérité, que nos gouvernements ont recherché avec un soin minutieux, dans les annales du despotisme, quelle somme de servitude et d'humiliation les peuples ont pu endurer dans leurs plus mauvais jours, pour nous en écraser à notre tour.

Deux droits, un droit fixe et un droit proportionnel, qui outragent le bon sens l'un autant que l'autre, pour accabler plus sûrement le travail, le capital, leurs instruments, leurs matériaux, au moment même où ils apparaissent, où ils s'associent, se concertent, tendent tous leurs ressorts pour former de la richesse, créer de l'utilité ;

Pour comprimer, enrayer notre productivité ;

Pour imposer la profession, alors que la fainéantise dans nos sociétés entreprenantes, remuantes, agitées, surexcitées de haut en bas, par d'ardentes compétitions, est une tache d'infamie, — l'oisiveté une lâcheté et un déshonneur ;

Pour imposer l'occupation, quand des millions d'existences, quand l'harmonie sociale, la moralité, la prospérité sont suspendues à l'emploi incessant de tous les bras et de tous les esprits ;

Pour attribuer au fisc un pouvoir occulte, discrétionnaire, sur la fortune des industriels et des commerçants ;

Pour accroître finalement le prix de toutes choses d'une quantité égale aux taxes qui pèsent sur la production et l'échange ;

Voilà l'impôt sauvage des patentes, voilà l'impôt qui enlève plus de cent soixante-dix millions, chaque année, au travail, à l'industrie, au commerce, aux capitaux dont la bienfaisante destination serait de nous enrichir, d'améliorer notre sort.

ENREGISTREMENT ET TIMBRE.

Impôt du deuil et de la ruine, ainsi faudrait-il nommer, sans être pourtant rigoureux à l'extrême, *les droits de mutation et de timbre*.

Ils constituent non-seulement un impôt arbitraire, — l'Etat, en principe, n'ayant à intervenir dans les contrats des particuliers que pour y réprimer la fraude, en bannir, en annuler les stipulations contraires aux lois, à la morale, aux bonnes mœurs;

Un impôt essentiellement inégal, — nos biens ne subissant pas tous les changements de mains de la même fréquence, chacun de nous n'usant pas même quantité de papier timbré;

Un impôt sur le capital mettant obstacle, au grand dommage de la société, à la libre circulation des biens, à l'activité industrielle;

Un impôt « deuxième mouture tirée du même sac, » ainsi qu'écrivait le vénérable maréchal de Vauban, formant double poids avec la contribution foncière; — la propriété ayant à les supporter simultanément, l'un n'interrompant point, ne suspendant point l'incidence ni le recouvrement de l'autre;

Ils forment encore un impôt plus subversif de la famille, plus destructif de la propriété que ne le ferait la réalisation violente des utopies antisociales les plus insensées, par les charges et les formalités révoltantes dont ils inondent la propriété en détresse, et les familles où la mort accomplit son œuvre lugubre.

La Constituante s'était attachée à dépouiller l'enregistrement du déplorable caractère de fiscalité dont il était imprégné sous les Césars de Rome, puis sous le régime féodal ; elle avait promis à la nation d'en atténuer graduellement les droits jusqu'à ce qu'ils ne fussent plus que la juste rémunération des services qu'il rend aux citoyens par la transcription de leurs actes, leur conservation et l'inviolabilité qu'il leur assure ;

Le produit de 81 millions qu'elle voulait retirer des droits d'enregistrement, de timbre et d'hypothèques, réunis, prouve largement ses équitables intentions ;

On fait monter aujourd'hui le rendement de ces mêmes droits à 606 millions ;

C'est une gigantesque et épouvantable spoliation !!!

IMPOTS INDIRECTS.

Les taxes qui atteignent la circulation et la consommation, contributions indirectes et douanes, dépassent douze cents millions, les octrois des villes non compris dans cette somme fabuleuse ; c'est plus que le budget général de la France, il y a quarante ans;

C'est-à-dire que, l'iniquité de l'impôt fixe en dépit des arguments victorieux par lesquels il a été battu en brêche, en dépit des sentences qui ont été prononcées contre lui, se trouve dès maintenant à moitié consommée;

C'est-à-dire encore qu'aujourd'hui, sur deux milliards de recettes il y en a un, et quelque chose de plus, dont la plus forte portion est acquittée, — parce qu'ils sont les plus nombreux,— par ceux-là que talonne la misère,ou qui vivent, au jour le jour, d'un labeur précaire, parce qu'ils sont les plus nombreux, répétons-nous, et parce que la nature a eu l'impertinence de les gratifier d'un estomac, et de la faim comme les autres, — d'allumer imprudemment en eux la soif irrésistible du bien-être, comme elle a allumé chez les autres la soif irrésistible des jouissances;

Un milliard de droits indirects, à s'en tenir à un milliard seulement, cela fait, bien supputé, pour chacun, riche ou pauvre, des dix millions de chefs de famille qui composent le peuple français, indépendamment de ses contributions directes, un apport de cent francs qu'il verse, sans répit, chaque jour, chaque heure, chaque minute, chaque seconde, dans les caisses de l'Etat, sous forme de suppléments invisibles ajoutés au prix naturel de ses aliments, de ses boissons, de ses vêtements, de son éclairage, des matières dont sont forgés ses outils, etc., etc.;

Un milliard de droits si bien posés, superposés, accumulés, sur les fruits de la terre, sur les productions de l'activité humaine, qu'ils changent l'abondance en disette, effaçant jusqu'au dernier vestige de la bonté de la nature, des bienfaits du génie et du travail ;

Un milliard de droits si antifrançais que les étrangers se procurent, au loin, à des prix très-inférieurs à ceux que nous les payons, des produits venus chez nous ou fabriqués dans nos usines ;

Un milliard de droits si bien alignés, si bien échelonnés que le producteur-cultivateur, vigneron, etc., épuisé déjà par le tribut de ses fonds, ne peut plus remuer une de ses denrées ; — que le consommateur ne peut plus quérir la plus ordinaire, la plus vile marchandise, enflammer une allumette, se servir d'un grain de sel, sans rencontrer la main rapace, la main rebutante du fisc et une ignominieuse avanie ;

Un milliard de droits, sans que pour d'aussi lourdes impositions on ait préservé le malheureux d'une seule des fraudes qui achèvent de vicier sa maigre pitance.

Tel est l'édifice élevé sans gloire par les pouvoirs qui sont à notre tête depuis le lendemain de la Révolution, — hideux mélange des théories financières les plus décriées, où l'on a traité la justice, la proportionnalité de l'impôt de même qu'on a traité, ailleurs, toutes nos libertés ;

Et comme résultat de ce pêle-mêle de contradictions, d'inconséquences, d'iniquités : un budget de deux milliards 575 millions que l'on n'ose envisager en face, que l'on n'ose discuter à fond ni au grand jour, tant on en rougit, tant on en a peur, et dont le meilleur se dépense improductivement ou se dissipe à payer impérialement de hautes incapacités, de hautes inutilités ; à provoquer dans le pays la fièvre pernicieuse des places, à entretenir une armée de fonctionnaires insuffisants, sans zèle, — sans amour du bien public, — gangrenés de la plaie de l'intrigue, et dont la plus claire besogne est de se ravaler, de se déchirer entre eux, d'opprimer, de pressurer, de bafouer les populations auxquelles ils doivent les douceurs ou le faste de leur existence.

La France n'est ni fière, ni satisfaite de tels errements ; c'est à quelque chose de plus conforme à ses traditions de loyauté et de générosité qu'elle aspire : ses grands publicistes, ceux de ses hommes d'Etat qui se sont le plus souciés de son honneur, de sa prospérité, de son avenir, lui ont enseigné qu'entre les impôts qui se disputent ses préférences, l'impôt sur les revenus réels, nos vraies facultés ceux-là, était celui qui contenait la plus grande somme d'équité, — qui commanderait aux gouvernements le plus d'ordre dans les finances, qui protégerait le plus efficacement la dignité et la fortune des citoyens contre les témérités, les audaces, les inepties du fisc; — c'est celui qu'elle revendique aujourd'hui d'une voix qu'il n'est plus permis à ses mandataires de ne point entendre.

IMPÔT SUR LE REVENU.

VII.

Le *revenu* est ce que l'on retire d'un bien quelconque;

Il se compte, en général, par année;

Celui de la terre, cultivée par son maître, s'appelle *rente;*

De la terre, exploitée par un tiers, moyennant redevance au propriétaire, *fermage;*

Des maisons en location, *loyer;*

D'une somme remboursable, *intérêts;*

D'une somme non remboursable, *arrérages,* — *dividende;*

Des professions libérales, *honoraires;*

De l'industrie et du commerce, *profits;*

Du travail musculaire, du travail corporel, *salaire;*

Des emplois civils et militaires, *appointements, traitements, solde, pensions, etc., etc.*

Le capital ne valant, en réalité, que par le travail qui l'utilise; les capitaux et même les capitaux d'égales proportions étant plus ou moins productifs, suivant les circonstances de temps et de lieux, suivant le savoir-faire, les mérites personnels de ceux qui les détiennent ou les exploitent ;

Il en résulte que c'est le revenu qui assigne à chaque individu son rang dans la société, qui y constitue sa capacité contributive ;

Aussi, est-ce avec le revenu que l'on fait face à ses dépenses normales, quelque train que l'on soit appelé ou entraîné à mener dans le monde ; c'est dans ses limites, en deçà même de ses limites, qu'il faut nous retrancher, coûte que coûte à nos passions, à notre vanité, si nous voulons nous assurer, pour nous-mêmes, une existence honorable et honorée, passer à nos descendants le patrimoine qui nous a été transmis par nos pères, laisser à nos successeurs un héritage au moins équivalent à celui que nous avons reçu de nos devanciers.

Sous le régime de l'impôt sur les revenus, ceux-ci, impartialement, droitement évalués, seraient assujettis sans distinction à une taxe *proportionnelle, unique* et *uniforme*, en rapport avec les besoins de l'Etat ; viendraient-ils à en exiger le dixième :

Les individus ayant des immeubles ou des valeurs mobilières leur rapportant 100 francs, auraient à verser dans les caisses du Trésor : dix francs, et ceux ayant 200, — 300, — 400 et 500 francs de revenu auraient à y porter 20, — 30, — 40 et 50 francs, c'est-à-dire autant de dizaines de francs qu'ils auraient de centaines de francs de revenus.

On imposerait de cette façon les revenus déterminés provenant de la propriété bâtie et non bâtie ;

Les arrérages des emprunts nationaux, départementaux et communaux ;

Les dividendes des actions financières, industrielles et commerciales ;

Les intérêts des obligations et créances de toute espèce;

Tandis que les revenus indéterminés, incertains, instables : honoraires, — traitements, appointements, gages, salaires, —profits— seraient atteints par une taxe d'habitation ou de location, c'est-à-dire par une taxe assise sur le loyer, d'après les indications du cadastre et de l'enregistrement, contrôlées, complétées les unes par les autres.

L'impôt sur le revenu a été introduit dans nos institutions par les auteurs de la Révolution, sous l'inspiration des écrits des Vauban, des Turgot, des Smith et de l'immortelle phalange des philosophes et des économistes, leurs contemporains;

Le décret de l'Assemblée nationale des 20, 22 et 23 novembre 1790 porte :

« Articles 1 et 4. — Il sera établi, à compter » du 1er janvier 1791, une contribution fon- » cière qui sera répartie, par égalité propor- » tionnelle, sur toutes les propriétés fonciè-

» res, à raison de leur revenu net ; cette con-
» tribution sera toujours d'une somme fixe,
» et déterminée annuellement par chaque lé-
» gislature. »

Pour ne laisser aucun doute sur sa résolution de pratiquer le principe de l'*égalité des revenus devant l'impôt* aussi catégoriquement que celui de l'*égalité des citoyens devant la loi*, l'Assemblée nationale a soin d'ajouter dans l'instruction qui accompagne son décret :

« La contribution foncière a pour un de ses
» principaux caractères d'être absolument in-
» dépendante des facultés du propriétaire qui
» la paie ; elle a sa base sur les propriétés
» foncières, et se répartit à raison du revenu
» net de ces propriétés ; on pourrait donc dire
» avec justesse, que c'est la propriété qui,
» seule, est chargée de la contribution, et que
» le propriétaire n'est qu'un agent qui l'ac-
» quitte pour elle, avec une portion des fruits
» qu'elle lui donne. »

Pareilles dispositions eussent été prises assurément pour les revenus mobiliers, si le législateur, à cette époque de justice, de patriotisme et de désintéressement mais de dénûment aussi, se fût trouvé en présence d'autres titres que ceux de la dette publique, des rentes de l'Hôtel-de-Ville de Paris, des actions des Indes et de deux ou trois autres infimes valeurs dont il eût attendu en vain, même avec l'impôt le plus exorbitant, les soixante millions qu'il jugeait devoir être le lot de la fortune mobilière dans les charges de l'Etat ; cette fortune ne s'étalant point au grand jour, lui échappant quasi-entièrement, il fût contraint dès lors de la présumer tant bien que mal, et de la façon qui a été exposée précédemment.

En 1791, notre revenu foncier, estimé à un milliard deux cents millions, était imposé à deux cent quarante millions, le revenu de nos richesses mobilières à soixante millions, — l'ensemble des chapitres du budget était de cinq cent quatre-vingt-six millions;

Nous marchions de front, alors, avec les nations les plus civilisées;

Nous venions de conquérir la liberté;

Des horizons radieux s'ouvraient partout autour de nous.

Si nous revenions, après 87 ans d'abandon, d'inconstance, d'irréflexion et des plus dures leçons, aux saines conceptions de nos aïeux; si nous répudiions les erreurs qui ont répandu le désordre dans les esprits et dans nos lois financières; si nous sortions du gâchis inextricable dans lequel nous nous traînons misérablement vers les conversions, les consolidations et la banqueroute, voici les éléments qui entreraient dans notre budget, à supposer, en forçant les choses, en les mettant au pis, qu'il s'élevât au chiffre de deux milliards et demi, c'est-à-dire approximativement au cinquième de nos revenus généraux, afin de nous préparer à tout événement et de rester fidèle à notre éternel culte des engagements, de la parole donnée, de la bonne foi :

1° Les produits du domaine national ;

2° Le cinquième de nos deux revenus : le revenu immobilier et le revenu mobilier, de cinq milliards, dit-on, chacun ;

3° La cote d'habitation d'un tantième pour cent du loyer, acquittée, en remplacement de la contribution personnelle-mobilière, des droits de patentes, des taxes sur les chevaux, voitures, billards, cercles, sociétés, lieux de réunion, etc., etc., — et de la foule de nos impôts indirects ;

4° Les droits d'enregistrement, d'hypothèques et de timbre réduits de cinq sixièmes au moins ;

5° Les services publics : poste aux lettres, — télégraphie, — contrôle des matières d'or et d'argent, — vérification des mesures et instruments de pesage, — imprimerie nationale, — monnaie, — établissements modèles d'agriculture, d'industrie, — d'enseignement des sciences, lettres, arts, etc., etc., rémunérés suivant leur utilité ;

6° La fabrication et la vente de la poudre ;

7° La fabrication et la vente du tabac, — don de joyeux avénement de la démocratie, — dérogation unique au principe de l'abstention de l'Etat en matière d'entreprises industrielles et commerciales pouvant s'exercer sans compromettre la sécurité de la société, sans léser ses intérêts.

On peut noter encore les suivants entre les

traits par lesquels l'impôt sur le revenu se distinguerait de l'impôt bâtard qui nous a été infligé :

1° L'impôt ne s'établirait plus, suivant une doctrine que ne renieraient point les pillards, les détrousseurs de grands chemins où il est facile à recueillir,— mais où il est équitable de le lever ;

2° Nos biens immobiliers et nos richesses mobilières qui tendent, avec les idées modernes, à s'assimiler en tous points, à courir les mêmes chances de prospérité et de revers, seraient enfin placés, au regard de l'impôt, sur le pied de la plus stricte égalité, sans plus de privilége pour celles-ci au détriment de ceux-là ;

3° Conformément à la maxime de Montesquieu, devenant, à la fin, une vérité, « *que* » *l'impôt est une portion que chaque citoyen donne* » *de son bien pour avoir la sûreté de l'autre, ou* » *pour en jouir agréablement* », le cinquième de nos revenus une fois prélevé, nous disposerions en paix des quatre cinquièmes restants,— aujourd'hui soutirés par la multitude innombrable des redevances indirectes ;

4° Les impôts indirects, calculés au minimum de 100 francs par tête, étant abolis, il s'en suivrait que tout possesseur d'un revenu de 100 francs bénéficierait à ce radical retranchement, de 80 francs, et que le gain de ceux ayant 200, 300, 400 francs de revenu serait de 60, 40 et 20 francs, etc., etc.;

5° Le citoyen qui ne jouirait d'aucun revenu rationnellement, pratiquement déterminable, mais qui, pour n'avoir ni propriété immobilière, ni revenu mobilier, travaille et prospère cependant, à l'ombre de nos lois, prend part au gouvernement du pays, élit ses représentants, a l'exercice plein et entier de tous les droits civils et politiques, tout aussi bien que le propriétaire, le rentier, l'actionnaire, l'obligataire, et est admis, par suite, à l'honneur de contribuer, comme eux, aux charges publiques, n'aurait plus, pour tout impôt, qu'une cote composée d'autant de fois 1, 2, 3, 4, 5, 6, 7, 8, 9, 10 francs qu'il aurait de centaines de francs de loyer, selon que le tantième sur cent du prix de location aurait été fixé à 1, 2, 3, 4, 5, 6, 7, 8, 9 et 10 francs.

Tels seraient, pour certaines classes de particuliers, les avantages de l'impôt sur le revenu; la nation entière y gagnerait en outre :

La suppression des formalités injurieuses qui accompagnent, la plupart du temps, la constatation et la perception des taxes indirectes et qui sont autant de fourches caudines sous lesquelles on la fait impudemment courber ;

Le travail affranchi, l'échange libre ;

La logique et la franchise succédant aux combinaisons détestables de l'obscurité et de la ruse et rendant la confiance à ses intérêts en émoi ;

Des économies, par millions ;

Des milliers de bras restitués aux occupations fructueuses ;

Des milliers d'intelligences cessant de se mettre à la torture pour imaginer des vexations ; — pour inventer des entraves à la production, à la circulation et à l'usage de ses biens;

Un personnel gouvernemental, enfin, débarrassé de son superflu, plus attentif à mériter les largesses et les honneurs qu'elle lui dispense avec profusion, — plus scrupuleux observateur du droit, de la légalité et des convenances.

Mars 1876.

Clermont, imprimerie Mont-Louis.

www.ingramcontent.com/pod-product-compliance
Ingram Content Group UK Ltd.
Pitfield, Milton Keynes, MK11 3LW, UK
UKHW012302240726
13966UKWH00004B/1577